CIP-BRASIL. CATALOGAÇÃO NA PUBLICAÇÃO
SINDICATO NACIONAL DOS EDITORES DE LIVROS, RJ

F399m

Fernandes, Flávia
    Mundo da menina by Pampili / Flávia Fernandes. – 1. ed. Barueri, SP: Ciranda Cultural, 2017. 128 p. : il. ; 24 cm.

    ISBN: 978-85-380-6943-0

1. Adolescentes (Meninas) - Conduta - Literatura infantojuvenil brasileira.
2. Cuidados com a beleza - Literatura infantojuvenil brasileira.
3. Moda - Literatura infantojuvenil brasileira. I. Título.

17-40584   CDD: 028.5   CDU: 087.5

COMO USAR OS QR CODES:
1 - Baixe um aplicativo leitor de QR code.
2 - Abra o aplicativo e posicione o QR code na frente da câmera.
3 - Abra o link mostrado pelo aplicativo.

© 2017 Ciranda Cultural Editora e Distribuidora Ltda.
Produção: Ciranda Cultural
Redação: Flávia Fernandes
Preparação e revisão: Equipe Ciranda Cultural
Idealização: Maria Mestriner Colli
Direção: Edson Arita, Natália Dias e Bianca Maretti
Conteúdo e fotos: © 2017 Pampili
Ilustrações Shutterstock: p.41 Katrien1, p.72 Shpadaruk Aleksei, p.85 Semenova Mariia, p.89 sheykhan, p.94 dorglao, p.95 Iaroshenko Maryna, p.97 bernashafo, p.99 casanisa e amnat11, p.103 hjochen, p.104 igorstevanovic, p.105 rodrigobark

AVISO: As marcas registradas, os nomes de empresas e produtos mencionados neste livro são utilizados apenas para critérios de identificação e pertencem aos respectivos proprietários.

1ª Edição
www.cirandacultural.com.br
Todos os direitos reservados. Nenhuma parte desta publicação pode ser reproduzida, arquivada em sistema de busca ou transmitida por qualquer meio, seja ele eletrônico, fotocópia, gravação ou outros, sem prévia autorização do detentor dos direitos, e não pode circular encadernada ou encapada de maneira distinta àquela em que foi publicada, ou sem que as mesmas condições sejam impostas aos compradores subsequentes.

Mundo da Menina

by Pampili

TUDO SOBRE O CANAL mais fofo E DIVERTIDO da INTERNET!

Ciranda Cultural

Olá!

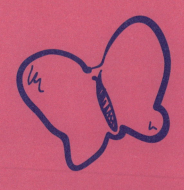

Seja bem-vinda ao primeiro livro do Mundo da Menina by Pampili!

Aqui vamos dividir muitas dicas espertas e fazer coisas muito legais para deixar a hora da brincadeira ainda mais rosa e divertida!

Vamos nos conhecer ainda mais: fazer testes para descobrir o quanto você é fã do canal Mundo da Menina, qual seu estilo na cozinha e várias outras coisas.

Você também vai encontrar um pouquinho da história do nosso canal no YouTube e descobrir muitas outras curiosidades. Afinal, já somos mais de 1 milhão e meio de amigas, nessa Rede de Corações onde sempre cabe mais uma!

Diz aí, o que você acha do quarto do Mundo da Menina? É lá que tudo acontece. Nesse lugar lindo e mágico, a imaginação corre solta e tudo pode acontecer. Tudo mesmo! Até os episódios podem virar páginas de livro!

Então divirta-se com seu livro Mundo da Menina! Vamos começar? Preparada?

SUMÁRIO

1 Por dentro do canal Mundo da Menina 8

2 O nosso quarto 14

3 Pam, pam, pam, pam, Pampili! 28

4 Alma feminina 34

5 Nossas amigas 48

6 Hora da música 68

7 Meninas corajosas 76

8 Receitinhas 92

9 Coisas de menina 110

10 Um canal só seu! 120

Por dentro do canal Mundo da Menina

O Mundo da Menina by Pampili você já conhece lá do canal no YouTube!

É um espaço feito para todas nós meninas, de qualquer idade. Lá nós crescemos juntas, compartilhamos informações, novidades, dicas de moda, experimentamos novas receitas, trocamos segredos e aprendemos muuuitas coisas umas com as outras!

Quer dar uma passadinha no canal? Acesse aqui:

Você já tentou imaginar como é o mundo de toda menina? O que todas nós temos em comum? Como seria o mundo se os nossos desejos e sonhos se tornassem realidade? Como seriam os nossos dias com muitas coisas fofas e superlegais ao nosso redor?

O Mundo da Menina é assim! Dá até para começar contando a história do canal como se fosse um conto de fadas!

Era uma vez um mundo feito só para meninas...

Aliás, antes de continuar com o livro, conte um pouco sobre sua história e aproveite este espaço só seu!

Nome: ....

Idade: .... Estilo: .... Cor: ....

Uma coisa que eu amo: ....

Melhor lugar no mundo: ....

Frase inspiradora: "..
...."

Canal favorito na internet: Mundo da Menina by Pampili, porque ....
....

Escolha uma foto incrível sua e cole aqui.

Conte um pouco sobre essa foto:

_____

_____

_____

DICA: Deixe este livro com a sua cara! Use lápis de cor, canetinhas, adesivos, tudo!

O canal Mundo da Menina já está na sexta temporada e tem muita coisa para o futuro! Você, claro, já faz parte desse mundo rosa. Aqui, o rosa não é só cor, é puro amor!
Desde 2014, nós nos encontramos todas as segundas e quintas-feiras, às 11h da manhã!

Os vídeos falam de tudo o que nós amamos. Então, sempre tem um assunto interessante! Já foram vários momentos inesquecíveis!

O Mundo da Menina é tão legal que a cada dia temos mais e mais amigas!

Você sabia que formamos uma Rede de Corações enorme? Somos mais de 1 milhão e meio de inscritas! Uma verdadeira comunidade de meninas poderosas!

Agora, além de assistir aos vídeos, você pode levar o Mundo da Menina para todo lugar. Afinal, livro dá para levar dentro da mochila e mostrar para todas as suas amigas! Obaaaa!

Você se lembra de quando conheceu o Mundo da Menina?
Foi amor à primeira vista? Conta! Conta!

_____

_____

Minha história com o Mundo da Menina by Pampili

Fiquei sabendo do Mundo da Menina porque:

_____

Eu gosto de assistir aos vídeos:

♡ no celular   ♡ no computador

♡ no tablet   ♡ na TV

Meu vídeo favorito é: _____

Curto muito vídeos de: _____

Minhas amigas favoritas do canal são: _____

_____

2 O nosso QUARTO

As histórias do canal Mundo da Menina se passam no quarto. Você já se perguntou por quê?

Porque todas nós amamos o nosso quarto! Muitas vezes, sentimos que é o melhor lugar do mundo. Você se sente assim também? É incrível como fazemos muitas coisas lá.

Marque abaixo o que você gosta de fazer no seu quarto:

- ♡ dormir
- ♡ cantar
- ♡ dançar
- ♡ escutar música
- ♡ descansar
- ♡ brincar
- ♡ estudar
- ♡ ler
- ♡ assistir TV
- ♡ se arrumar
- ♡ se maquiar
- ♡ sonhar
- ♡ conversar
- ♡ festejar

É no quarto que ficam nossos objetos mais queridos. Guardamos roupas, sapatos, brinquedos, deixamos nosso material escolar, estudamos e nos arrumamos para sair. É lá que superamos dias difíceis e passamos momentos deliciosos.

No quarto também fica a nossa cama, onde podemos curtir boas noites de sono para acordar prontas para fazer de qualquer dia um lindo dia!

Ah! É no nosso quarto também que sonhamos muito! Sonhamos dormindo e até acordadas! Por tudo isso, todas as aventuras no Mundo da Menina se passam no quarto. É um espaço que todas nós meninas temos em comum. Então, você pode imaginar que o seu quarto também é o seu Mundo da Menina!

No quarto do Mundo da Menina, temos mil coisas fofas! Lá tem penteadeira, espelho, cama, armário, poltrona... Todos os itens são especiais, únicos e deixam o nosso quarto muito legal e divertido: as almofadas de coração, o abajur de sorvete, os enfeites nas paredes... É cada detalhe mais lindo que o outro! Tudo no Mundo da Menina é escolhido com muito amor.

E o seu quarto? Como é?

_____

_____

_____

♥

Você pintaria seu quarto de outra cor?

_____

_____

_____

♥

Você divide o quarto? Conte mais!

_____

_____

_____

Se você quiser deixar o seu quarto com detalhes fofos que são a cara do canal, aqui vão algumas opções:

Que tal começar com os coraçõezinhos na parede? Vamos compartilhar o amor!

ENFEITE DE CORAÇÕES

Tempo: 40 min

COMO FAZER:

1. Recorte a tampa da caixa de sapato.
2. Desenhe na tampa três corações de tamanhos diferentes (pequeno, médio e grande) e recorte. Assim, você terá um molde para cada tamanho. Dá para usar os corações da página ao lado como base. É só copiar com papel vegetal!
3. Coloque os corações de papelão sobre o papel Con-Tact® ou sobre o EVA e contorne com uma caneta. Tente colocar os corações bem próximos uns dos outros para aproveitar bem o papel.
4. Recorte os corações que você contornou.
5. Retire o plástico do papel Con-Tact® e cole na parede ou use fita dupla-face para grudar o EVA. Aplique um a um os corações na parede, como na imagem da página ao lado.

VOCÊ VAI PRECISAR DE:

♥ Papel Con-Tact® ou placas finas de EVA em três tons de rosa (dá para usar outras cores se você preferir!)
♥ Tesoura sem ponta
♥ Fita dupla-face
♥ Caixa de sapato
♥ Caneta

Você pode usar esses corações como molde =)

DICA:

Você viu que os corações viraram flores na quinta temporada? Você também pode se basear nesse projeto. O princípio é o mesmo: fazer o desenho na tampa de uma caixa e recortar para usar como molde, depois desenhar no papel Con-Tact® ou EVA. Em seguida, é só recortar e aplicar na parede.

Ah, tem mais uma ideia. Você já reparou na abertura dos vídeos? Que tal se inspirar nela e fazer um enfeite para sua porta?

ENFEITE DE PORTA

Tempo: 40 min

COMO FAZER:

1. Recorte a tampa e as laterais da caixa de sapato.
2. Desenhe na tampa um coração grande e um pequeno, depois recorte.
3. Utilize o coração grande como molde para recortar outro coração.
4. Pegue uma lateral da caixa de sapato e encape ou pinte.
5. Cole os corações grandes nas extremidades da lateral encapada, como na imagem da página ao lado.
6. Em seguida, encape ou pinte o coração pequeno e cole-o em cima de um coração grande.
7. Utilize a caneta com ponta grossa para escrever Mundo da... (complete com o seu nome)!
8. Cole a fita dupla-face atrás e pronto! É só grudar o enfeite na porta do seu quarto! Se preferir, você pode colocar dentro do quarto.

VOCÊ VAI PRECISAR DE:
♥ Caixa de sapato
♥ Papel Con-Tact®, EVA ou tinta (da cor que você quiser)
♥ Tesoura sem ponta
♥ Caneta com ponta grossa
♥ Cola
♥ Fita dupla-face

Aproveite para usar a imagem
abaixo como inspiração!

Viu como é fácil deixar o seu quarto mais lindo? Estes tutoriais ainda não estão no canal, são inéditos, só para você! Que demais!

DICA: Se você quiser um enfeite rosa e roxo, as caixas de sapato da Pampili já são dessas cores! Assim você nem vai precisar encapar ou pintar!

Com o tempo, a gente muda, e as coisas no nosso quarto também!

É por isso que os vídeos de "Tour pelo quarto" são maravilhosos!

Qual deles é seu favorito?

_____

_____

Confira aqui os vídeos:

1ª temporada

2ª temporada

3ª temporada

5ª temporada

Por falar em coisas do quarto, o Mundo da Menina tem vários vídeos com dicas. Assim você também pode deixar o seu quarto com uma cara mais fofa!

Como fazer um lindo móbile de coração com Lyvia Maschio

Como fazer uma caixinha de cabos com Fernanda Concon

Como fazer um porta-livros com Manoela Antelo

Como fazer uma almofada com Raissa Chaddad

Agora que você já sabe um pouco mais sobre o canal, que tal descobrir o quanto você é fã dele? Responda às perguntas abaixo e veja os resultados na próxima página!

1 - Qual data é comemorada no dia 23 de setembro?

A - Dia da Menina

B - Primavera

C - Dia das Crianças

D - Dia das Mães

2 - Quem participou da primeira festa de final de ano do canal?

A - Fernanda Concon, Giulia Garcia, Bia Jordão, Camila Pimenta, Carol Santina e Sophia Santina

B - Fernanda Concon, Giulia Garcia, Camila Pimenta e Carol Santina

C - Marianna Santos, Giulia Garcia, Bia Jordão, Lyvia Maschio, Julia Silva e Carol Santina

D - Gabi Saraivah, Fernanda Concon, Giulia Garcia, Bia Jordão, Camila Pimenta e Carol Santina

3 - Quais dicas a Gabi Saraivah deu quando fez um vídeo sobre rotina da manhã?

A - Ela deu dicas de como cuidar dos cabelos cacheados e deixá-los lindos para ir à escola

B - Falou que detesta arrumar o cabelo de manhã

C - Ela ensinou a escovar os dentes

D - Mostrou como fazer rabo de cavalo

4 - Em qual receita utilizamos o cortador em formato de coração primeiro?

A - Sanduíche

B - Ovo frito e ovo cozido

C - Cookies

D - Brigadeiro

5 - Quem decorou o nosso quarto para a festa de 1 ano do Mundo da Menina?

A - Lyvia Maschio, Júlia Berlim e Nina Vangelino
B - Júlia Berlim e Nina Vangelino
C - Bia Jordão, Fernanda Concon, Lyvia Maschio, Júlia Berlim e Nina Vangelino
D - Carol Santina, Gabi Saraivah, Bia Jordão e Júlia Berlim

6 - Bianca Paiva, Any Gabrielly, Bia Jordão, Júlia Berlim, Nina Vangelino e Lyvia Maschio combinaram de fazer uma coisa superespecial. O que foi?

A - Um musical especial de Natal
B - Cantar e dançar
C - Uma headband colorida
D - Um desafio diferente

7 - Qual novidade reúne todos os vídeos do Mundo da Menina by Pampili?

A - App da Pampili
B - Celular
C - Telefone da Pampili
D - Jornal do Mundo da Menina

8 - Recebemos uma visita especial na primeira novelinha do Mundo da Menina. Quem foi?

A - Uma fada
B - Uma mágica
C - Um fantasma
D - Uma princesa

9 - Qual item novo no quarto nos ajudou a viajar pelo mundo?
A - Tela verde e efeitos especiais da imaginação
B - Efeitos especiais
C - Poderes mágicos
D - Tela rosa

10 - Que outros quartos nós fomos visitar?
A - Os quartos da Lyvia Maschio, da Nina Vangelino e da Julia Silva
B - O quarto da Julia Silva
C - O quarto da Barbie
D - O quarto de uma fada

11 - Qual é a rede de que todas nós meninas participamos quando praticamos o bem?
A - Rede de Corações
B - Rede do Bem
C - Rede de dormir
D - Rede de pesca

12 - Quais os dias e horários dos novos vídeos?
A - Segundas e quintas, às 11 da manhã
B - Segundas e quintas, qualquer horário
C - Terças e sextas, ao meio-dia
D - Quarta-feira, qualquer horário

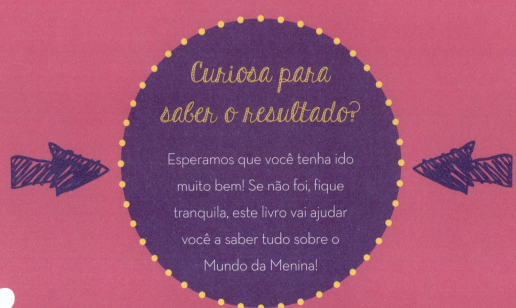

Curiosa para saber o resultado?

Esperamos que você tenha ido muito bem! Se não foi, fique tranquila, este livro vai ajudar você a saber tudo sobre o Mundo da Menina!

CONTAGEM DOS PONTOS

RESPOSTAS A: 3 pontos cada
RESPOSTAS B: 1 ponto cada
RESPOSTAS C E D: 0 ponto

36 pontos: *pampinática*

Parabéns, você sabe tuuudo! Seu superpoder é a memória. Você se lembra de tudo, tudo mesmo! Adora todos os vídeos e assiste mais de uma vez aos seus preferidos.

De **30** a **35** pontos: *superfã*

Sensacional! Você deve ter se esquecido de alguns detalhes, mas no geral sabe muito sobre o Mundo da Menina by Pampili. Gosta de comentar nos vídeos e compartilhar nas redes sociais! Você nos ajuda muito a levar a Rede de Corações a oulras meninas!

De **16** a **29** pontos: *amiga*

Você adora o Mundo da Menina by Pampili, só não viu tudo desde a primeira temporada. A cada dia nós somamos mais e mais amigas! Lembre-se de continuar conosco para espalhar corações por aí!

Até **15** pontos: *nova amiga*

Seja bem-vinda ao Canal Mundo da Menina by Pampili! Você está no caminho certo para saber mais sobre o nosso mundo, as nossas amigas e a Rede de Corações. Não seja tímida, depois de ler o livro você vai saber mais sobre o canal e pode fazer o teste novamente!

27

3 Pam, pam, pam, pam, Pampili! :)

O Mundo da Menina está sempre pertinho de você: canal no YouTube, blog, página no Facebook, perfil no Instagram, no musical.ly, e também através de aplicativo! Tudo feito especialmente para você!

 mundodamenina.pampili.com.br   /canalmundodamenina

 /pampili   @pampili_oficial   @pampili_oficial

Download do app:

iOS: Android:

A Pampili é o Mundo da Menina! Isso todas nós já sabemos. Muito além disso, a Pampili é uma lançadora de moda e nos ajuda a deixar os nossos looks muuuito fashion e com a nossa personalidade, para qualquer momento. Assim nós mostramos ao mundo o estilo das meninas que são cheias de amor, cores, brilhos, luzes e tudo o que a gente quiser.

A Pampili transforma os nossos desejos mais lindos em sapatos, roupas e acessórios! É tanta fofura que até parece um sonho. Dá vontade de agarrar tudo o que a gente vê. Ainda bem que a gente encontra Pampili em várias lojas do Brasil e do mundo!

O Mundo da Menina é by Pampili, porque a Pampili é de todas nós, de todas as meninas que têm dentro de si o poder rosa!

Poder rosa:

amor, amizade, sonhos, alegria e beleza!

A Pampili faz parte da nossa vida. Ela cresce com a gente. Entende?! Afinal, ela está presente em vários momentos! Na escola, nas festas ou em qualquer situação do dia a dia, nós usamos sapatos, sandálias, sapatilhas, botas ou tênis. :)

Conforme a gente cresce, nosso pé aumenta de tamanho, e os nossos gostos também mudam. Você já deve ter ouvido falar de alguém que adorava sapatilhas e agora só usa tênis, ou que nem sonhava em usar sapatilhas e agora não tira do pé.

Nossas escolhas também mudam com as estações do ano. No inverno usamos bota, para deixar os pés quentinhos! Já no verão preferimos as sandálias, pois não aquecem tanto os pés.

Mas tem uma coisa que não muda: todas gostamos de nos sentir radiantes, sempre! E a Pampili pensa em tudo isso! Ela nos ajuda a mostrar ao mundo quem somos por meio do nosso estilo. Isso é moda!

Perguntamos para algumas meninas se elas gostam de moda. Vejam o que elas responderam!

Você gosta de moda?

"Amoooo! Acho que, quando estamos na moda, nos sentimos muito melhor!"
Bela Fernandes

"Faz bem para minha autoestima e adoro estar elegante!"
Bianca Paiva

"Eu gosto muito! A moda é baseada na personalidade de cada um."
Ana Carolina

"Adoro! A gente mostra como a gente é pela roupa que está usando. Isso é muito bacana!"
Nina Vangelino

"Eu gosto de moda, fico de olho em algumas coisas, mas uso só o que realmente me agrada e me sinto bem em vestir. É importante se sentir bem usando o que gosta."
Bia Jordão

"Acho roupas e sapatos bonitos. Adoro me arrumar e ficar bonita."
Marianna Santos

"Acho que toda menina ama moda e eu também. É um pouco difícil de explicar o porquê, mas para mim moda é uma forma de expressar os nossos sentimentos com o que vestimos."
Julia Silva

E você, o que acha?

Moda para mim é _____

_____

alma feminina

4

A Pampili é uma empresa de alma feminina, por isso ela é também o Mundo da Menina!

Várias pessoas colaboram para fazer os sapatos e acessórios que a gente ama. Só que uma delas é muito especial. Ela sonhou tudo primeiro e foi cultivando os valores do bem e fez surgir este mundo maravilhoso que amamos!

Ela é o coração da Pampili. Uma mulher que mantém na sua essência a felicidade de ser uma eterna menina. Para a nossa sorte, né? Ela se chama Maria! Como todas nós, ela é sonhadora e tem muito poder rosa! Maria acreditou no Mundo da Menina desde o comecinho!

Fala aí, Maria!
Ou melhor, Fada Madrinha!

"Oi, meninas!

Eu realmente me sinto muito feliz e realizada de ver que o Mundo da Menina by Pampili chegou até vocês, porque fazemos tudo com muito amor e carinho.

Eu amo todos os vídeos! Assisto, acompanho os roteiros e oriento a equipe para garantir que toda a nossa essência de ética e valores esteja presente em cada cena.

O Mundo da Menina é um sonho que se tornou realidade. É um espaço para a gente ser o que quiser, para a gente se encontrar e curtir a nossa meninice! Aliás, quer saber um segredo? Antes de ser um canal na internet, Mundo da Menina já era o nome da sala de criação da Pampili. Um quarto onde as estilistas criam a moda e o estilo Pampili. Então foi fácil pensar em um nome para o canal e em tantos assuntos novos para os vídeos.

Nós até brincamos que inventamos um novo ramo da ciência, a 'Meninalogia'!

Por isso todas as meninas são minhas melhores amigas. Assim entendo seus desejos e sonhos, para transformar tudo em sapatos, roupas, acessórios, além de vídeos, posts no blog, dicas e tudo mais!

Para mim, a infância é a melhor fase da vida. É quando podemos ter a imaginação livre e o coração aberto. O amor tem o poder de transformar o mundo. Por isso, convido vocês a 'cor-de-rosar' tudo ao seu redor com pequenos gestos e muita atitude!"

Pequeno dicionário Pampili:

Meninalogia: ciência da menina

Cor-de-rosar: transformar tudo em amor

Meninice: ser menina

Rosa: amor

Ela é uma fada madrinha mesmo, não é, meninas?

Ah, e tem mais coisas legais para contar sobre a Maria. Ela é casada com o José Roberto, e foi dessa história de amor que nasceram seus filhos Guilherme e Diego, além da nossa Pampili, fundada em 1987.

Uau! Ainda bem que a Pampili continua menina para sempre! :-)

Muitas das meninas que gostam de usar Pampili já cresceram, assim como nós também vamos crescer. É muito amor espalhado por aí!

O amor pela infância, o carinho com as meninas e a paixão pela moda se tornaram um legado que continuará ainda por muito tempo, poque o Diego já está se preparando para continuar essa história. Oba!

Até a palavra Pampili foi criada pela Maria! Acredita?

Por ser de família italiana, Maria sempre ouviu a mãe chamar as crianças de pimpolhos. Além disso, os apelidos dela e de suas irmãs em casa eram Lia, Lei e Li!

Assim nasceu o nome Pampili: um conjunto de ideias e meninices da Maria. Memórias que ela guarda no coração. Fala se isso não é coisa de fada madrinha... ah, só pode ser!

Pampili é:

Magia · Diversão · Felicidade · Infância · Menina · Fofura · Amizade · Carinho · Amor

Pampili é você!

Muita gente legal ajuda a fazer o Mundo da Menina by Pampili!

Todas as pessoas que trabalham lá são especiais e fazem parte desse sonho de espalhar o amor. É como se fossem fadas ou duendes! Todos movidos pela força do coração, trabalhando em uma fábrica de sonhos, realizando os desejos de todas as meninas!

Afinal, todos os sapatos têm um poder mágico: eles nos dão confiança para gostar de quem somos e também nos ajudam a espalhar amor por onde a gente passa.

A Pampili é o sonho da Maria e do José Roberto!

Agora, conte mais sobre você. Qual é seu sonho?

_____

_____

Imaginação sem limites

Lembre-se:

"Se você pode sonhar, você pode realizar!"
(Walt Disney)

Você já se imaginou desenhando seu próprio sapato? Use o espaço abaixo para soltar sua imaginação!

Linha do tempo de sapatinhos

Você já pensou em como os sapatos fazem parte da nossa vida?

Quem nunca escutou os pais dizerem: "Você está crescendo rápido demais, precisa de calçados novos"?

Crescemos e descobrimos coisas novas, todos os dias. E a gente ama ganhar sapatos novos! Alguns são até difíceis de deixar para trás, como o primeiro sapatinho, a primeira sapatilha de festa, o tênis amigo... Alguns pais até guardam os sapatinhos mais marcantes como uma lembrança de quando os filhos eram pequenos!

O primeiro sapatinho, a sapatilha que gira, o tênis com luzes são sapatos que fazem parte da história da Pampili. Você pode se inspirar nessas ideias e criar sua linha do tempo de sapatinhos!

É só encontrar uma moldura tipo vitrine, encapar o fundo com um papel colorido bem fofo e usar cola para grudar os sapatos. Você pode até fazer uma plaquinha com alguns detalhes da história do sapatinho, como a data em que você o usou e quantos anos você tinha.

Veja o exemplo da Pampili:

Rede de Corações

Ser solidário é uma atitude de coração. Então, quando o calçado não nos serve mais, a gente pode doar! =)

Você pode dar os seus calçados usados para sua irmãzinha, para uma prima menor, uma amiga ou até mesmo doar para crianças que precisam. Assim, a gente ajuda a mudar a vida de outras meninas ao nosso redor!

A Rede de Corações da Pampili é assim: nos incentiva a praticar o bem e a transformar o mundo espalhando o amor, sempre!

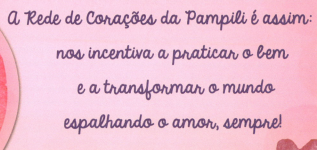

Além de calçados, existem várias coisas que podem ser doadas!

Tudo o que não serve mais em você ou o que você deixou de gostar pode servir para outra menina: as roupas que você não usa mais, os brinquedos que você não acha mais tão legais, e até seus livros dos anos anteriores na escola. Se eles estiverem em boas condições, outra criança poderá usar também!

Dá até para fazer disso um hábito. Uma vez por ano ou a cada seis meses, você pode dar aquela organizada no seu quarto. O que não servir mais pode ser doado!

Isso é só o começo de várias atitudes legais da Rede de Corações!

Inspiração

A regra é pensar positivo e sempre praticar o bem! Essa é a inspiração para a nossa Rede de Corações.

Alguns vídeos do canal trazem várias dicas legais sobre isso.

A escola é outro bom exemplo de lugar. Prestar atenção nas aulas, fazer as tarefas, ser dedicada, ajudar os amigos e colaborar com a professora são algumas dessas atitudes.

E você? O que serve de inspiração para você fazer o bem?

Veja muitas atitudes do bem no vídeo da Nina na escola:

Planeta

Ah, também é sempre bom lembrar das ações que nos ajudam a plantar uma sementinha do bem no planeta:

- ♥ Respeitar a todos
- ♥ Economizar água
- ♥ Reciclar
- ♥ Não desperdiçar comida
- ♥ Reaproveitar materiais
- ♥ Fazer doações

Você se identificou com algumas dessas atitudes? Escreva aqui o que você faz no seu dia a dia para contribuir com um mundo melhor:

_____

_____

_____

Entre meninas

Ser amiga de verdade também é uma atitude do coração. É uma maneira de ajudar outras meninas a se sentirem bem e a superarem dias difíceis.

Um sorriso, um abraço, um tempinho para escutar a amiga e ajudar com conselhos e dicas fazem toda a diferença. Por isso os bate-papos nos vídeos "Do Fundo do Coração" e "Fora da Caixinha" fazem tanto sucesso no canal! Entre amigas a gente se ajuda e ajuda os outros!

A Pampili acredita que praticar o bem é fundamental para toda menina. É uma das maneiras de manter o jeito rosa de olhar e multiplicar o amor por aí!

Nós queremos ver corações em todo lugar! E o Mundo da Menina faz isso acontecer!

No vídeo abaixo, você pode saber mais sobre a nossa Rede de Corações:

5 Nossas amigas

O Mundo da Menina existe para fortalecer as amizades! Para nossa alegria, muitas meninas já participaram dos nossos vídeos. Elas são garotas animadas, conectadas, divertidas e topam qualquer parada. Com isso, todo mundo aprende e ensina!

No começo, ninguém imaginou que faríamos tantas amizades no nosso canal. A nossa Rede de Corações cresce a cada dia! Vamos saber mais sobre quem já participou do canal Mundo da Menina?

AMANDA DE CARVALHO
📷 @vida_de_amy_

Começou no canal para ensinar como fazer um presente para a vovó! Fã declarada do Mundo da Menina, ela ama os vídeos de tutoriais e se define como Pampinática!

"Eu me senti realizada! Sempre fui fã do canal, e ver como os vídeos ficaram bons e divertidos me deixou muito feliz e com um gostinho de quero mais", contou Amanda, que sonha em ser atriz e morar nos Estados Unidos.

AMANDA FURTADO
📷 @soueuamanda

Participou de vários vídeos no canal. Um dos mais divertidos foi o da festa do pijama com Lívia Inhudes e Juliê Rodrigues. Elas riram horrores juntas. Impossível assistir e não rir também! A estreia no Mundo da Menina foi com dicas incríveis de como arrumar a mala de viagem.

Amanda recomendou: nem tudo dá para levar na mala, mas não dá para esquecer de levar o celular! #ficadica

ANA CAROLINA
@anakochen_

Com o sonho de ser estilista e ter sua própria fábrica de roupas, Ana Carolina se sentiu em casa no Mundo da Menina.

"Tudo é muito fofo. O quarto inteiro me deixou encantada", disse. Foi a primeira vez que ela gravou para um canal no YouTube, por isso ela disse que ficou um pouco nervosa no começo, mas depois passou. "As gravações foram muito divertidas! Eu gostei muito".

ANY GABRIELLY
@anygabriellyoficial

Já ensinou como fazer unhas de coração, camisetas tie dye e muito mais. Um dos seus vídeos favoritos foi o da brincadeira de viagem com Giulia Ribeiro.

"Rolou realmente como uma viagem, de tanta imaginação que estava ali", disse ela, que adora lugares com montanhas e cachoeiras. Any é detalhista e seu objeto favorito no quarto é o sapato de salto rosa que funciona como um puxador de fita adesiva!

BEL PERES
:camera: @belparameninasreal

No seu primeiro vídeo no Mundo da Menina, Bel ensinou como escolher óculos, no começo da segunda temporada. Ela indicou as melhores armações que combinam com o formato do seu rosto e com seu estilo, claro! Em outro vídeo, Bel aplicou Washi Tape (fitas coloridas) em vários objetos e personalizou muitos itens escolares. Ela deixou tudo muito fofo!

BELA FERNANDES
:camera: @bela_fernandesoficial

Integrante da BMDM, Bela Fernandes é pura energia! Ela e Bia Jordão estavam se divertindo no musical.ly quando surgiu a ideia da banda. Bela chegou ao Mundo da Menina para brincar de jogo da velha com a sua superamiga Lyvia Maschio. Foram vários vídeos marcantes.

"Amei também o vídeo em que eu ensino a fazer uma cumbuquinha de chocolate para sorvete, é uma delícia."

BELLA CHIANG
@bellachiang

Com muito talento para cantar, Bella Chiang foi escolhida para a BMDM!

"Meu primeiro vídeo no Mundo da Menina foi inesquecível, um sonho realizado. Quando você entra no quarto, parece mágico: tudo é muito lindo. Amei as luzes de bolinhas. Fiquei muito feliz por ter sido selecionada para a banda. Amei! Eu torci muito para entrar na turma. Que bom que deu tudo certo!"

BIA JORDÃO
@biatrizjordao

Bia adora cantar e dançar. Foi ela que teve a ideia da BMDM! Ela convenceu todo mundo a ajudar com a banda e deu certo. Bia faz parte do canal desde a segunda temporada.

"Na primeira vez que entrei no quarto, já fiquei apaixonada, depois fui vendo os detalhes da decoração, gosto muito da cama e das almofadas. Gravar o Fora da Caixinha e entrevistar a Taciele Alcolea foi uma honra!", lembrou ela.

BIANCA PAIVA DO CARMO
📷 @biancapaiva_oficial

A atriz Bianca Paiva encara qualquer papel. É ela que tem a missão de encontrar figurinos, penteados e maquiagens para a BMDM. Bianca conta como foi no começo do canal:

"Foi incrível, fiquei muito feliz e surpresa com toda produção. O que eu mais gosto é a penteadeira. Amo todos os vídeos, porém o que eu mais gostei foi o 'Como fazer capinhas de celular únicas', é a minha cara."

CAMILA ORISTANIO PIMENTA
📷 @camilaapimenta

Sonha em conhecer o mundo todo e tem um amor especial pela Disney. No Mundo da Menina, Camila diz que amou participar da festa de fim de ano e do amigo secreto. Divertida, ela lembra de vários momentos:

"Eu sempre tive vários erros de gravação bem engraçados, principalmente quando gravava com a Giulia e a Bia, lembro da gente dançando e caindo em uma abertura do vídeo de balé."

CAROL SANTINA
@carolsantinaoficial

Carol foi a primeira youtuber a participar do Mundo da Menina e logo de cara já encarou um desafio com a Fernanda Concon!

"Eu nunca tinha entrado em um estúdio e achei que seria sem graça, mas quando entrei no quarto do Mundo da Menina, parecia um sonho. Foi uma emoção!", contou. Um dos vídeos mais fofos, ela gravou com sua irmãzinha Sophia, quando fizeram a palavra "Love" de papelão!

DUDA LOPES
@dudalopesmodelo

Duda chegou na segunda temporada e logo de cara ensinou a fazer um porta-lápis diferente com uma lata, palitos de sorvete e muita criatividade! Ainda para animar, como era perto do Carnaval, Duda nos mostrou como se faz um pião de serpentina com papéis coloridos. Já num vídeo com a Nina Vangelino, ela se divertiu fazendo penduricalhos para colocar na mochila, carteira, em qualquer lugar!

DUDA SÊCCO DADDATO
@duda_daddato

Logo no início do Mundo da Menina, a Duda já fazia parte da turma. Nós a conhecemos pela primeira vez no vídeo tutorial de como fazer uma caixa de som. A surpresa foi descobrir que ela utilizou um rolo de papel higiênico! Depois de customizado, nem dava para perceber o que era. Superlegal! A Duda também nos mostrou como fazer luzes com florzinhas fofíssimas e muito mais!

ELIS CANTANHEDE
@elis_shiis

Ela é a dançarina da BMDM! "Eu fiquei emocionada. Lembro que não parava de olhar para a câmera. Parecia um sonho", lembrou Elis, que curte todos os vídeos de tutoriais fofos!

"Para mim, o tapete de pompom é o melhor. Quando entrei no quarto do Mundo da Menina, não parava de olhar para ele. Gostaria de ter feito esse vídeo, talvez posso tentar fazer em casa."

FERNANDA CONCON
📷 @fernandaconcon

Fernanda gravou os primeiros vídeos de moda e estilo do canal. São várias dicas ótimas de como usar itens dourados, botas e muito mais. Uma das memórias mais engraçadas dela nas gravações aconteceu no Desafio da Maquiagem com Gabi Saraivah.

"Antes de gravar, eu falei que deveria ser péssimo tirar 'batom na sobrancelha'. No ensaio, a Gabi pegou isso e eu ri muito. Na hora de gravar, eu tirei 'batom na sobrancelha'. Eu não sabia se ria ou chorava..."

GABI SARAIVAH
📷 @gabriellasaraivah

Um dos vídeos mais gostosos da Gabi foi o da receita de brigadeiro com uva. Hummm! Ela também estrelou um dos vídeos queridinhos do canal: Acordando com Gabi Saraivah, com dicas importantes que fazem parte da rotina da manhã, ensinando a cuidar dos cabelos cacheados antes de ir para a escola. Os cachinhos são a marca registrada da Gabi!

GIULIA GARCIA RIBEIRO
📷 @giu_gribeiro

Ruiva e linda, Giulia conquistou o coração das amigas do Mundo da Menina desde o início. Ela disse que se sentiu em casa no estúdio e que aprendeu várias coisas novas com os vídeos.

"Gosto muito de fazer porque eu posso ser espontânea", revelou a atriz. "Eu amava os quadrinhos que tinha em cima da cama! Queria pegar todos e pendurar no meu quarto."

ISABELLE ARAGÃO
📷 @isabelle_aragao_oficial

Sempre sorridente, Isabelle adora os vídeos de receitas do canal. "Fazer a receita de saladinha com a Bianca Paiva foi muito divertido. Ri muito quando ela disse que a saladinha iria ficar muito boa na barriga dela", contou. Isa chegou na terceira temporada e também se apaixonou pelo nosso quarto.

"Achei a cama muito linda, de princesa! Eu me senti muito feliz e realizada em me ver no Mundo da Menina."

JOANA GUEDES
 @jps1007

Chegar à marca de 1 milhão de amigas inscritas no Mundo da Menina é mais do que um sonho! Claro que essa data não passaria despercebida. Nós fizemos uma festa! E que festa! Joana apareceu para celebrar junto com a gente. Ela dançou, brincou, ajudou a formar o maior milho do mundo e até participou do desafio do 1 milhão:

"Nós já demos 1 milhão de risadas no canal!", disse Joana.

JÚLIA BERLIM
 @juliaritaberlim

Logo que o primeiro vídeo de Júlia Berlim no Mundo da Menina foi ao ar, ele teve muitas visualizações.

"Foi uma alegria sem fim! Assisti muitas vezes seguidas, não cansava. Foi um momento inesquecível!", contou Júlia, que gravou com sua BFF Nina Vangelino. Desde então, ela tem conquistado os nossos corações com vídeos incríveis e até ajudado com comidinhas e com o visual da BMDM!

BFF = Best Friend Forever (melhor amiga para sempre)

JULIA SILVA
📷 @juliasilvamh

Julia Silva estreou no Mundo da Menina como entrevistada do quadro Fora da Caixinha.

"Lembro que fiquei encantada com tudo no nosso quarto!", contou. Desde então, ela já fez vários vídeos e até deu um jeito de visitar lugares incríveis na novelinha Meninas pelo Mundo. "Amei gravar a novelinha. Amo viajar e tenho o sonho de dar a volta ao mundo!"

JULIANA BALTAR
📷 @baltarj

Juliana Baltar chegou ao Mundo da Menina para falar de um dos nossos assuntos favoritos: brinquedos!

"Eu me senti emocionada e com uma felicidade enorme, porque sempre foi o meu sonho participar do canal", disse ela, que também já deu dicas de como fazer roupinhas para bonecas. Ju também fez o desafio "Ai, ai, ai" e se divertiu provando comidas ardidas, amargas e azedas.

JULIÊ RODRIGUES
@julierodriguesoficial

    Juliê nos ensinou várias coisas nos vídeos, uma delas foi como fazer uma camiseta de verão. Além disso, ela também fez receitas deliciosas, como sorvete de morango e fondue de chocolate. Entre todas as ideias, a mais diferente foi a de como fazer um porta-joias com caixinha de ovos. Depois que a caixinha foi pintada e personalizada, nem dava para adivinhar do que era feita. Ficou lindo!

LAURA LUZ
@lauraluz00

    Radiante, em seu primeiro vídeo Laura ensinou a fazer uma camiseta tie dye que tem a nossa cara e nos deu várias ideias, por exemplo, como personalizar uma camiseta que a gente não usa mais. Outra coisa legal que a Laura fez foi nos mostrar como fazer giz de cera em formato de coração. Muito fofinho! Uma ótima opção de presente para a BFF!

LÍVIA INHUDES
 @liviainhudes

Lívia chegou ao Mundo da Menina para matar a nossa curiosidade sobre a segunda temporada. Ela fez o tour pelo quarto novo e nos mostrou todos os detalhes. Foram vários vídeos incríveis com ela, como o da festa do pijama! Um dos mais comentados é o da rotina da manhã. Lívia nos mostrou o que ela faz quando acorda e se arruma para ir para a escola. Que tudo!

LYVIA MASCHIO
 @lyviamaschiooficial

"Tive o prazer de abrir o canal, fiz o primeiro vídeo. Tenho orgulho de dizer isso!", contou Lyvia, que nos ensinou a fazer um móbile de coração superdiferente.

"Cheguei, me arrumei e fui gravar. Esqueci completamente o meu nervosismo e me senti em casa. Sou fã do Mundo da Menina!", disse. Ela já participou de inúmeros vídeos de tutoriais, entrevistas, novelinhas e muito mais!

MANOELA ANTELO
@manoela.antelo

Manoela Antelo sentiu um friozinho na barriga quando chegou ao Mundo da Menina.

"Fiquei orgulhosa, embora eu estivesse um pouco nervosa, achei que me saí bem", contou. Claro que nós amamos ver a Manu no nosso canal. Ela estreou no quadro "Fora da Caixinha" com a participação da Taciele Alcolea. Além disso, fez várias outras coisas, como uma caixinha de livros e um smoothie!

MARIANNA SANTOS
@mariannasantosoficial

Marianna chegou chegando no Mundo da Menina! Antes de ela se apresentar, todas nós achamos que ela era uma fada. Ela também nos deu um susto ao desaparecer na praia. Quem lembra?

"Eu achava que não iria conseguir falar 'capa da invisibilidade', travava minha língua!", disse ela, que também tem um cantinho especial no quarto: uma penteadeira linda!

MAYARA BERTOLINI
📷 @mayarabertolini

Todo mundo ficou com água na boca depois de ver o primeiro vídeo da Mayara no canal.

"Foi inesquecível! Amo muito pão de queijo", destacou Mayara. Ela também participou do vídeo comemorativo de 1 milhão de amigas! "Eu me senti muito feliz, pois sempre sonhei em participar do Mundo da Menina. Aliás, sempre me lembro das minhas caretas e da Bia Jordão no Snapchat do vídeo 'Apps e games'. Só risadas!"

NINA VANGELINO
📷 @ninavangelino

Nina chegou num twist. Ou melhor, ela nos ensinou a fazer uma rosa twist para decoração!

"Foi um momento mágico, um sonho!", contou ela. Nina participou de vários desafios, tutoriais e até nos ajuda nos detalhes da BMDM. Aliás, ela curte tanto fazer parte do nosso grupo que até nos convidou para conhecer seu quarto e mostrou tudo num vídeo!

RAISSA CHADDAD
@raissachaddadreal

Raissa contou que participar do Mundo da Menina foi uma experiência bem diferente.

"De repente eu me vi no canal que eu sempre assistia. Fiquei muito feliz com o resultado. Meu primeiro vídeo foi 'Batata nada frita', e foi superlegal. Amo batata e aprendi a fazer uma saudável!", lembrou. Ela revelou ainda que seus detalhes favoritos no quarto são os quadros! Superfofa!

SABRINA NONATA
@sabrinanonataoficial

Ninguém imaginou que um item de cozinha poderia se transformar num porta-joias incrível. Foi assim que Sabrina Nonata chegou ao Mundo da Menina: com um tutorial de porta-joias! Em outro vídeo, ela brincou de corrida de bexiga com Bianca Paiva. Foi bem divertido, mas a Sabrina não ficou tão feliz... corre lá para saber o porquê. Será que vai ter uma revanche?

SIENNA BELLE
📷 @siennabelleoficial

Sienna Belle é pura fofura e já nos ensinou a fazer um ursinho de toalha. Nosso coração bateu forte com a ideia. Atriz e cantora, ela revelou outro talento no canal ao fazer um smoothie.

"É meu vídeo predileto até agora. Eu amo cozinhar e estou sempre ajudando a minha mãe na cozinha. Poder fazer uma receita foi incrível e ficou uma delícia!"

SOFIA PRADO
📷 @sofiapradooficial

Sofia chegou e já foi direto para a praia! Nessa aventura com a tela verde, ela entendeu logo de cara o mistério do desaparecimento da Mari. As duas se divertiram muito com a capa da invisibilidade. Bia Jordão e Bianca Paiva é que ficaram superpreocupadas com as amigas. Pura diversão na novelinha do Mundo da Menina com a participação da Sofia!

SOPHIA SANTINA
@sophiasantina

Sophia Santina tinha só três anos quando começou a participar do Mundo da Menina. Ela e a irmã, Carol Santina, fizeram um lindo enfeite de papelão com a palavra "Love". Nas gravações, Sophia aprendeu que "love" significa "amor" em inglês e disparou: "Igual eu e você né, Carol?". Todo mundo suspirou ao ver esse amor de irmã! Sophia também participou da festa de final de ano e do amigo secreto. Todo mundo se apaixonou por ela!

TABY CARVALHO
@taby_carvalho

Taby Carvalho é uma das cantoras da BMDM. Com um nome fora do comum, ela chegou se divertindo no Mundo da Menina.

"Na primeira gravação com a Bela Fernandes, ela não estava acostumada com o meu nome e às vezes errava... ri muito!", lembrou. "Meu vídeo favorito é o do clipe da banda. Foi muito divertido ficar dançando e cantando todas juntas."

O Mundo da Menina também já recebeu muitas meninas crescidas! Elas são todas fofas, fazem a diferença no mundo e são uma superinspiração para a gente. Conforme a gente cresce, mais e mais amigas vão nos ajudando com dicas incríveis para a nossa vida! É muito amor multiplicado!

Agora é a sua vez!

Que vídeo você gostaria de fazer no canal Mundo da Menina?

_____

Se você pudesse mostrar algo engraçado, o que seria?

_____

O que você gostaria de ensinar para as nossas amigas do canal?

_____

_____

6 HORA da música

Agora, o que está na maior vibe: música!!!

Nós amamos música! É tudo de bom! Tem cantores, bandas, danças...

Você já reparou que algumas músicas fazem parte de nossa vida? Elas lembram momentos incríveis e pessoas que gostamos e fazem o nosso corpo se movimentar, dançar!

Aqui no Mundo da Menina, temos uma banda, o nome dela é BMDM, que significa "Banda Mundo da Menina". Nós temos algumas músicas bem bacanas! Você já viu algum dos vídeos?

Pampá!

Autores: Dudu Marote, Liana Padilha e Tetê Pacheco

Pam, pam, pam, pam, pam, pá
Pam, pam, pam, pam, pam, pá
Pam, pam, pam, pam, pam, pá
Pam, pam, pam, pááá

Pam, pam, pááá
Pam, pam, pááá
Pam, pam, pam, pááá
Pam, pam, pam, pá, pam, pá

Pam, pam, pam, pam, pam, pá
Pam, pam, pam, pam, pam, pá } 2x
Pam, pam, pam, pam, pam, pá
Pam, pam, pam, pááá

Vamos cantar
Vamos brincar
Vamos fazer essa história
Conectar
Cor-de-rosar
Deixar bem poderosa

Vamos girar
Vamos causar
Que é pra ficar na memória
Vamos brilhar
Vamos sonhar
Lilás e roxo e rosa

E essa brincadeira
Que já ficou maneira } 2x
Manhã e tarde inteira
É pam, pam, pam, pááá

Pam, pam, pam, pam, pam, pá
Pam, pam, pam, pam, pam, pá } 3x
Pam, pam, pam, pam, pam, pá
Pam, pam, pam, pááá

Pam, pam, pam, pam, pam
Pam, pam, pam
Pam, pam, pam, pááá
Pam, pam, pam, pam, pam, pá
Pam, pam, pam, pááá

Veja como ficou o clipe da BMDM:

O meu mundo é assim!

Vou dizer para você
como é o meu mundo,
com magia, alegria
e com mais amor.
Onde a tristeza não tem lugar.

O melhor é poder
ajudar para mudar
e a tornar esse mundo
melhor para morar,
para você e para mim.
Com a Pampili, o meu mundo é assim!

Ah, aqui no canal nós já fizemos até um musical de Natal e ficou superfofo! Aliás, as nossas aventuras são sempre incríveis! O que a gente quiser pode acontecer no nosso mundo!

Confira aqui o vídeo do musical:

Musical de Natal

Hoje é dia de espalhar corações. É Natal!
Hoje é dia de fazer o bem. É Natal!
Hoje é dia de encontrar as amigas,
dia de entregar o amor por aí. É Natal!

Traga as amigas que encontra o tempo inteiro
e aquelas que só cruza no recreio,
os primos de longe e as tias, o avô.
E a amiga que está sempre atrasada?
Já chegou!

Hoje é dia de espalhar corações. É Natal!
Hoje é dia de fazer o bem. É Natal!
Hoje é dia de encontrar as amigas,
dia de entregar o amor por aí. É Natal!

Traga as vizinhas quietas e as festeiras
chame as calmas e as bagunceiras,
pode ser italiana, mexicana ou brasileira,
as melhores amigas, as amigas do peito.

Hoje é dia de espalhar corações. É Natal!
Hoje é dia de fazer o bem. É Natal!
Hoje é dia de encontrar as amigas,
dia de entregar o amor por aí. É Natal!

PAREDE POP STAR

Música também inspira decoração! Para ter uma decoração inspirada na banda, que tal uma parede pop star?

COMO FAZER:

1. Peça para seus pais ou avós alguns discos de vinil que eles não querem mais. Se eles não tiverem, procure os discos em um sebo (sebos são lojas que compram e vendem livros, discos e outras coisas antigas e usadas).

2. Coloque o papel vegetal em cima de um disco e use o lápis para contornar o círculo colorido do meio do disco.

3. Recorte o círculo desenhado no papel vegetal. Este círculo será o molde.

4. Use o molde para fazer círculos nos papéis coloridos e recorte.

5. Cole um círculo colorido no centro de cada disco.

6. Escolha uma parede (ou a porta) do seu quarto para deixar bem musical.

7. Use a fita dupla-face para colar os discos e pronto! Agora é só curtir seu quarto decorado!

VOCÊ VAI PRECISAR DE:
- Discos de vinil
- Uma folha de papel vegetal
- Papéis coloridos
- Cola
- Lápis
- Tesoura sem ponta
- Fita dupla-face

DICA:
Antes de enfeitar os discos, você pode pintá-los com tinta. É só escolher suas cores preferidas!

Você sabia?

Antigamente, as pessoas ouviam música com esses discos. Seus pais e avós podem ter histórias legais sobre os discos favoritos deles! As músicas tocavam em vitrolas! Ah, pergunte o que era uma vitrola também!

Moda e música

Você já reparou que cada menina da BMDM tem um estilo próprio?
Leia sobre alguns estilos e descubra qual é o seu preferido!

Clássica: é o tipo de menina que adora usar looks que nunca saem de moda e consegue misturar os estilos do passado e do presente.

Pop: fashionista! Conhece todas as tendências e prefere vestir sempre as peças mais modernas.

Romântica: adora montar looks superfemininos e muitos acessórios. Vestidos e saias são as peças mais amadas para um show. Tecidos finos e com muito movimento sempre!

Eclética: ama tudo! Mistura estilos básicos e modernos, itens novos com peças mais clássicas. Estes looks podem ser usados em muitas ocasiões diferentes, no palco ou na vida!

Hip Hop: tem estilo "girl power" e gosta de usar looks poderosos em qualquer ocasião. Cores fortes e peças modernas são as favoritas.

E então? Se você fizesse parte de uma banda, qual seria o seu estilo?

Já pensou em ter uma banda?

O legal de se ter uma banda é que cada amiga pode usar o seu talento para ajudar. Tem meninas que gostam de cantar, outras preferem dançar. Também tem aquelas que curtem mais ajudar nos bastidores, cuidar do cabelo e da maquiagem.

Ah, faltou aquela amiga que gosta de organizar tudo, tipo uma diretora! E as meninas que amam escolher o figurino! Na hora de fazer um show, sempre tem alguém que adora criar itens descolados para o cenário! E claro, outras preferem aplaudir e são muito bem-vindas na plateia!

E você? O que gostaria de fazer em uma banda? Marque o que mais se parece com você:

♡ Cantar ♡ Dançar

♡ Cuidar do figurino ♡ Criar o cenário

♡ Organizar tudo ♡ Ficar na plateia

♡ Fazer cabelo e maquiagem

Quais de suas amigas você escolheria para a sua banda? Faça uma lista:

Cantora(s): _____

_____

Dançarina(s): _____

Figurino: _____

Cabelo e maquiagem: _____

_____

Direção: _____

Cenário: _____

Falando em música...

Você sabia que na internet tem um app que todo mundo está curtindo?

É o musical.ly! Você já baixou? Dá para usar no celular, no tablet e até no computador.

Ele funciona assim: você escolhe uma música e faz um vídeo com ela. Você pode cantar ou só fingir que está cantando, fazer uma dancinha ou até uma coreografia!

Dá para inventar mil coisas! Até reunir as amigas para uma festa! O perfil @Pampili_oficial já está cheio de meninas por lá. Queremos ver você lá também!

O aplicativo é demais! A Bia Jordão e a Bela Fernandes foram as primeiras do nosso grupo a inventar uma coreografia para postar. Que tal dar uma espiada no que elas fizeram?

Bia e Bela arrasando no musically.

7 MENINAS corajosas

Cuidado! Este capítulo é arriscado!

Você é corajosa o bastante? Vai encarar? Antes de começar, aqui vai uma pergunta:

Você sabe o que é muito legal fazer entre amigas?

Se você respondeu "desafios", acertou! Nós amamos desafios!

Deve ser porque gostamos de ver qual será a reação das nossas amigas provando coisas estranhas. Várias caras feias! Hahaha!

Pode ser porque gostamos de experimentar coisas diferentes. Alguns desafios fazem o nosso coração bater tão forte que parece que ele vai sair pela boca! É pura adrenalina!

Existem vários tipos de desafios. Podem ser de experimentar coisas, adivinhar o tipo de objeto, praticar um esporte, participar de uma competição... Tudo pode ser motivo para desafios. Diversão é nosso lema! Os desafios são nota 10!

O legal dos desafios é que você pode testar as suas habilidades em várias coisas diferentes. Dá até para descobrir os seus pontos fortes! Muitas vezes nos saímos melhores do que imaginávamos.

Os desafios com os olhos vendados são ótimos para isso. Você sabe se o seu nariz é bom em identificar cheiros? Ou se você tem a língua boa para reconhecer os sabores? Que tal descobrir se suas mãos e seus pés são bons de tato? Vamos testar todos?

O primeiro desafio do canal foi o "Canhão de ar", com a Carol Santina e a Fernanda Concon! Você se lembra? Dê uma espiada:

Aproveite e veja o vídeo do desafio com Julia Silva e Nina Vangelino:

DESAFIO DA COMIDINHA

COMO FAZER:

1. Coloque cada comidinha em um potinho.

2. Escolha uma amiga e cubra os olhos dela com a máscara.

3. Com o garfo, pegue uma das comidinhas escolhidas e dê para a amiga provar.

4. Assim que ela terminar de mastigar, veja se ela consegue acertar qual é a comidinha.

5. Faça isso com as outras amigas participantes e veja quem acerta mais vezes!

Você vai precisar de:
- Potinhos
- Garfinhos
- Máscara de dormir
- Comidinhas diferentes (sugestão: azeitonas, cenoura ralada, beterraba, gengibre, frutas)

DICA:

A Bia Jordão nos ensinou a fazer uma máscara de dormir de gatinha! Lembra? Você pode fazer uma e usar nos desafios do Mundo da Menina!

Veja como fazer:

78

Veja só como foi o desafio entre a Bia Jordão e a Júlia Berlim:

SMOOTHIE CHALLENGE

COMO FAZER:

1. Sorteie metade dos papéis para cada uma.
2. Coloque os seus ingredientes no liquidificador e acrescente um pouco de leite.
3. Bata a mistura e coloque no seu copo. Esse será o seu smoothie.
4. Peça para sua amiga colocar os ingredientes dela no liquidificador, acrescentar um pouco de leite e bater.
5. Coloque a bebida em outro copo. Esse será o smoothie da sua amiga.
6. Veja quem ficou com o smoothie mais rosa. Quem perder, terá que tomar o seu.

Você vai precisar de:
♥ Sorvete de morango
♥ Frutas (morango, kiwi, banana, maçã, cereja)
♥ Geleia
♥ Leite condensado
♥ Creme de leite
♥ Ketchup
♥ Mostarda
♥ Pimenta rosa
♥ Alface
♥ Batata chips
♥ Papeizinhos com o nome de cada um dos itens anteriores
♥ 2 copos transparentes
♥ Leite

DICA:
Você pode misturar ingredientes bons com outros que não combinam com milk-shake, para ser um verdadeiro desafio!

79

Desafio do Pé!

O QUE TEM NO MEU PÉ?

Este desafio é superlegal para testar o seu tato. Vamos lá?

COMO FAZER:

1. Separe seus objetos sem que sua amiga veja. Ela fará a mesma coisa.

2. Peça para sua amiga colocar a máscara de dormir e pegue um dos objetos que você escolheu.

3. Coloque o objeto dentro da bacia e deixe a bacia no chão.

4. Peça para sua amiga colocar os pés na bacia e tentar adivinhar o que é. Só vale na primeira chance.

5. Depois que sua amiga responder, coloque a máscara de dormir.

6. Agora é a sua vez: espere sua amiga trazer a bacia com o objeto secreto dela.

7. Tente adivinhar o que está na bacia.

8. Repita a brincadeira até acabarem os objetos secretos. Quem acertar mais objetos ganha!

> **Você vai precisar de:**
> ♥ Máscara de dormir
> ♥ Bacia
> ♥ Objetos diferentes (lápis, bolinhas, algodão, gelatina... o que vocês quiserem!)

Veja o desafio feito entre a Lyvia Maschio e a Amanda Furtado:

80

Confira também estes desafios divertidos!

Desafio do Karaokê, com Bianca Paiva e Júlia Berlim:

Desafio das Maquiagens, com Fernanda Concon e Gabi Saraivah:

DICA: Para criar desafios diferentes, você só precisa dar asas à imaginação!

INÉDITO

DESAFIO DO SAPATO

Esse desafio é ótimo para testar sua agilidade!

COMO FAZER:

1. Todas as meninas tiram os sapatos e colocam em um montinho.

2. Em seguida, todas as participantes fecham os olhos.

3. O organizador da brincadeira esconde, muda de lugar ou mistura todos os sapatos.

4. As meninas abrem os olhos e procuram seus sapatos. Vence quem encontrar e calçar os sapatos primeiro.

Você vai precisar de:

♥ Muitas amigas (todas usando sapatos)
♥ Um adulto ou sua irmã mais velha para organizar a brincadeira

DICA:

Se você estiver em uma festa com muitas meninas, dá para separar em equipes. Assim, uma ajuda a outra a ir mais rápido!

INÉDITO

DE QUEM É ESSE PÉ?

Você vai precisar de:

♥ Amigas
♥ Máscara de dormir ou venda para os olhos

COMO FAZER:

1. Suas amigas sentam uma do lado da outra.
2. Uma das meninas fica com os olhos vendados.
3. Combine com as outras meninas quem ficará sentada na frente da amiga vendada.
4. Sua amiga toca apenas no sapato da amiga na frente dela e tenta adivinhar quem é. Se ela não conseguir, pode tocar até a canela da amiga.
5. Repita com as outras amigas. Vence quem acertar mais vezes!

DICA: Se você e suas amigas ficarem em silêncio, será mais difícil para a outra amiga adivinhar quem está na frente dela!

INÉDITO

Muitas meninas deixam comentários sobre desafios que gostariam de ver no canal. O "Desafio do biscoito" é um dos mais pedidos e é bem fácil de fazer.

DESAFIO DO BISCOITO

Você vai precisar de:
- Biscoito redondo
- Amigas (quanto mais, melhor!)

COMO FAZER:

1. Cada menina fica com um um biscoito.

2. Quando começar o desafio, cada uma coloca um biscoito no olho e inclina um pouco a cabeça para trás, para que o biscoito não caia.

3. Agora, todas as amigas tentam levar o biscoito até a boca, sem usar as mãos, apenas movimentando a cabeça com cuidado. Se o biscoito cair, é só pegar outro e começar de novo. Ganha quem morder o biscoito primeiro!

DICA: Escolha uma amiga para ser a jurada do desafio. Assim, ela pode ver quem foi a primeira a morder o biscoito!

DICA: Você pode definir um número máximo de tentativas para cada posição. Assim, você e sua amiga podem tentar fazer mais posições!

INÉDITO

Este desafio é muito legal para testar as suas habilidades de yoga! A Manoela Antelo e a Carol Santina já fizeram esse desafio juntas. Vamos tentar também?

DESAFIO DE YOGA

COMO FAZER:

1. Escolha na internet algumas posições de yoga.
2. Tente fazê-las com a sua amiga!

Você vai precisar de:
- Uma amiga da sua altura
- Espaço (se for dentro de casa, você pode arrastar os móveis)

Aqui estão algumas sugestões de posições que a gente separou para você!

85

Use toda a sua memória para lembrar de muitas músicas diferentes!

UMA PALAVRA, UMA MÚSICA

COMO FAZER:

1. Escreva uma palavra aleatória em um papelzinho, depois dobre o papel, como se fosse brincar de amigo secreto.

2. Faça a mesma coisa com várias palavras.

3. Coloque todos os papeizinhos no copo ou na caixa.

4. Uma amiga sorteia um papelzinho e tenta pensar em uma música com a palavra sorteada. Se ela souber uma música, marca um ponto.

5. A próxima amiga faz o mesmo, e assim por diante. Ganha quem fizer mais pontos!

Aqui estão algumas ideias de palavras para você e suas amigas:

Amor | Menina | Desafio | Feliz | Lua
Sonho | Brincadeira | Sorrir | Sol | Mar

VOCÊ VAI PRECISAR DE:
♥ Papeizinhos
♥ Copo ou caixa
♥ Caneta
♥ Várias amigas!

DICA:
Você também pode sortear uma palavra para todas as amigas. Assim, todas pensam juntas em alguma música, e a primeira a lembrar ganha o ponto da rodada!

86

INÉDITO

FALE QUALQUER COISA

Você já deve ter visto este desafio várias vezes por aí. É ótimo para testar a concentração.

COMO FAZER:

1. Você e uma amiga ficam frente a frente.

2. Sua amiga fala uma palavra e você fala outra logo em seguida.

3. Ela fala outra palavra e você fala outra diferente, e assim por diante.

4. Vocês continuam até alguém não conseguir mais pensar em nada ou repetir alguma palavra.

Você vai precisar de:
♥ Uma amiga (e mais nada!)

DICA:
Tente se concentrar bastante, para não repetir o que sua amiga disse!

Prenda:
Alguns desafios ficam bem legais quando o vencedor escolhe uma prenda para a outra pessoa. Dá para fazer polichinelos, dançar de um jeito esquisito, pular de um pé só, passar por baixo de uma mesa... :)

87

DESAFIO DAS 20 PERGUNTAS

INÉDITO

COMO FAZER:

1. Você escreve uma palavra em um papelzinho e não mostra para ninguém. Pode ser um objeto, um lugar, uma pessoa, o que você quiser.

2. Cada amiga faz uma pergunta, e você só pode responder com "sim" ou "não".

3. Depois que suas amigas fizerem 20 perguntas, elas tentam adivinhar a palavra.

4. Em seguida, uma amiga escreve uma palavra em outro papelzinho e vocês fazem as perguntas.

Este desafio é muito divertido! Será que você é boa de adivinhar todas as pistas?

Você vai precisar de:
- Papeizinhos
- Caneta
- Uma ou mais amigas
- Memória!

É objeto?
Cabe em uma mão?
É de vidro?
É lugar?
Fica no Brasil?
Você já visitou?
É filme?
Passa na TV?
É canal do YouTube?
É personagem?
Começa com a letra P?

Tudo bem, também vamos sugerir algumas palavras:

Menina	Praia
Livro	Tênis
Boneca	Sapatilha
Bola	Coração

DESAFIO DA GARRAFA

Quer descobrir se você é boa de equilíbrio? Será que vai se dar bem nesse desafio?!

Você vai precisar de:
- 1 garrafa de plástico
- Água

COMO FAZER:

1. Coloque mais ou menos quatro dedos de água na garrafa.

2. Jogue a garrafa para o alto girando-a. O desafio é fazê-la cair em pé (tampe a garrafa antes, para não cair água para todo lado).

3. Se estiver muito fácil, diminua a quantidade de água.

INÉDITO

DICA: Você pode aumentar a dificuldade com obstáculos, tipo tentar fazer a garrafa cair em cima da mesa, numa cadeira ou prateleira. Ah, e também dá para brincar com amigas, cada uma com a sua garrafinha!

Desafios são como brincadeiras! Mas nem toda brincadeira pode ser chamada de desafio. A Camila, a Bia e a Giulia falaram bastante sobre isso no canal! Confira no vídeo abaixo para saber mais.

Brincadeiras favoritas com Camila, Bia e Giulia:

Tem coisa mais divertida do que brincar entre amigas?

E você, do que gosta de brincar?
Conte um pouco sobre suas brincadeiras favoritas.

_____
_____

Alguma amiga já ensinou uma brincadeira nova para você? Qual?

_____
_____

Brincando na passarela

Você já brincou de desfile de moda? Por que não convida algumas amigas para desfilarem com você? Peça para elas separarem acessórios, roupas e calçados que sirvam em todas as participantes. Vocês podem escolher peças de roupas bem variadas para montar looks diferentes. Enquanto uma desfila, alguém pode ser a fotógrafa e as outras ficam na plateia para aplaudir muito a modelo na passarela!

Ah, você também pode brincar de ser estilista! Aqui estão alguns vídeos interessantes para você usar como inspiração.

A Carol Santina e a Ana Carolina fizeram looks com papel:

A Júlia Berlim também já estilizou a própria camiseta:

DICA: Para fazer diversos testes de looks, que tal desenhar as peças em um papel? Você também pode fazer recortes com tecidos ou papéis coloridos para compor suas criações!

8 Receitinhas

"Os vídeos de receitas do canal são sensacionais!"
Fernanda Concon

"Fazer receitas para mim é pura superação."
Amanda de Carvalho

Estudar, ler, brincar, fazer desafios, fazer exercícios... Depois de tudo isso, dá aquela fome! Nada melhor do que fazer uma pausa e provar uma comidinha deliciosa. Hmmm!

Algumas meninas acham que provar novos sabores é arriscado. Pode até ser, mas é muito bom se aventurar! Experimentar uma coisa nova exige coragem, mas pode ser uma grande descoberta!

Nem todos os tipos de comida nos agradam, né? Mesmo assim, temos que admitir que os adultos estão certos quando dizem que temos que comer de forma balanceada e saudável. Quando comemos bem, ficamos mais bonitas por dentro e por fora, quase não ficamos doentes e vamos bem na escola. A pele, os cabelos e as unhas ficam mais lindos, tudo por causa da boa alimentação!

As receitas podem ser doces ou salgadas. Existem muitas receitas diferentes de entradas, pratos principais, sobremesas e até petiscos. Elas podem ser feitas no dia a dia, para uma festa ou outro evento, e o principal: para reunir as amigas!

Por isso, vira e mexe, no Mundo da Menina tem uma receitinha gostosa. Cozinhar é muito divertido!

Ir para a cozinha também pode ser um desafio, pois cada receita tem um nível de dificuldade. Algumas são muito fáceis, como as saladas. Você pode fazer uma salada de vegetais e adicionar um molhinho especial ou preparar uma deliciosa salada de frutas!

Ah, sempre que for usar objetos cortantes ou mexer no forno e no fogão, lembre-se de pedir ajuda para um adulto.

Agora fale para a gente quais são as suas receitas favoritas.

Veja que fofa esta salada feita pela Bianca Paiva e pela Isabelle Aragão:

"Esse vídeo foi engraçado de gravar. Eu não sou muito fã de salada e gostei. Dei quase tudo para a Isa comer♪ =D"

Bianca Paiva

SALADA DE FRUTAS

Você vai precisar de:

- Suco de uma laranja
- Maçã
- Banana
- Morango
- Kiwi
- Pera
- Manga
- Melão
- Uva
- Carambola
- 1 colher (sopa) de mel

INÉDITO

COMO FAZER:

1. Com a ajuda de um adulto, corte todas as frutas em pedacinhos.
2. Coloque as frutas cortadas em uma tigela grande.
3. Adicione o suco e o mel, e sua salada está pronta!

DICA:
Você não precisa de todas as frutas acima para fazer esta receita. Escolha suas frutas preferidas e, se quiser, acrescente mais suco de laranja. Com certeza, vai ficar uma delícia!

INÉDITO

ESPETINHOS DE MORANGO E MARSHMALLOW

COMO FAZER:

1. Com a ajuda de um adulto, lave os morangos e corte a parte das folhinhas (se quiser, você também pode cortá-los ao meio).

2. Coloque os morangos e o marshmallow de forma alternada nos palitos.

3. Coloque todos os espetinhos em um prato e sirva.

Você vai precisar de:
- Morangos
- Marshmallow
- Palitos de madeira

DICA:
Para dar um toque final, você pode servir os espetinhos com cobertura de mel ou de creme de avelã.

PICOLÉ DE FRUTAS

COMO FAZER:

1. Lave as frutas, depois descasque e corte-as.
2. Amasse o kiwi com o garfo ou coloque no processador.
3. Acrescente um pouco de água e misture bem.
4. Coloque um pouco da mistura na forma de sorvete, até encher mais ou menos 1/3 da forma.
5. Leve ao congelador e deixe congelar por uma hora.
6. Enquanto espera, repita os passos **2** e **3** com a manga e depois com o morango.
7. Retire do congelador e repita o passo **4**, desta vez com a mistura de manga.
8. Leve o sorvete ao congelador e deixe congelar por uma hora.
9. Acrescente a mistura de morango até encher a forma e coloque para congelar por uma hora.
10. Retire do congelador, mergulhe a forma na água por alguns segundos e desenforme. Prontinho!

Você vai precisar de:

- Água
- Garfo ou processador de alimentos
- Palitinho de sorvete
- Forma de sorvete
- Kiwi
- Manga
- Morango

DICA:
Você pode escolher outras frutas para o seu sorvete. Use suas frutas preferidas!

INÉDITO

BOLO DE CANECA

COMO FAZER:

1. Misture o ovo e o óleo na caneca.
2. Adicione o leite, o açúcar e o chocolate em pó. Misture bem.
3. Aos poucos, acrescente a farinha de trigo, sempre mexendo bem.
4. Adicione o fermento e misture bem.
5. Leve a mistura ao micro-ondas por 3 minutos.
6. Espere esfriar e pronto!

Você vai precisar de:

♥ 1 ovo
♥ 3 colheres (sopa) de óleo
♥ 4 colheres (sopa) de leite
♥ 3 colheres (sopa) de açúcar
♥ 3 colheres (sopa) de chocolate em pó
♥ 4 colheres (sopa) de farinha de trigo
♥ 1 colher (café) de fermento em pó
♥ 1 caneca grande que possa ser levada ao micro-ondas

DICA: Quando o bolo estiver pronto, você pode fazer um furo no meio e adicionar ingredientes deliciosos como sorvete de creme e cobertura de chocolate! Hmmm!

PÃOZINHO DE MINUTO

COMO FAZER:

1. Peça para um adulto preaquecer o forno a 180° C.
2. Comece peneirando a farinha em uma tigela grande.
3. Acrescente os ingredientes secos (fermento, sal e açúcar) e misture com uma colher.
4. Adicione os ovos e a manteiga. Mexa bem.
5. Aos poucos, vá adicionando o leite.
6. Amasse bem até que a massa desgrude das suas mãos. Se estiver muito grudenta, adicione um pouco mais de farinha.
7. Assim que terminar, faça bolinhas de pão e coloque em uma assadeira.
8. Pincele a gema nos pãezinhos.
9. Com a ajuda de um adulto, leve ao forno por 20 minutos.

VOCÊ VAI PRECISAR DE:

♥ 4 xícaras (chá) farinha de trigo
♥ 4 colheres (sopa) de manteiga
♥ 4 colheres (sopa) de açúcar
♥ 1 colher (chá) de sal
♥ 4 ovos
♥ 2 colheres (sopa) de fermento em pó
♥ 1/2 xícara (chá) de leite
♥ 1 gema para pincelar
♥ Pincel culinário

INÉDITO

SANDUÍCHE COLORIDO

COMO FAZER:

1. Em um processador de alimentos, coloque 2 colheres (sopa) de maionese e vá adicionando a beterraba até formar uma pasta. Reserve.

2. Repita o passo 1 com a cenoura e com o espinafre. Assim, você terá 3 cremes diferentes.

3. Misture o frango com o creme de cenoura.

4. Agora, é só montar o seu sanduíche: passe o creme de beterraba em uma fatia de pão.

5. Coloque outra fatia de pão por cima do creme de beterraba e passe o creme de cenoura com frango.

6. Cubra o sanduíche com outra fatia de pão e passe o creme de espinafre.

7. Acrescente a última fatia de pão e pronto! É só cortar o sanduíche ao meio e servir.

Você vai precisar de:

- 6 colheres (sopa) de maionese
- 1/2 beterraba ralada
- 1/2 cenoura ralada
- 1/2 maço de espinafre picadinho
- 2 colheres (sopa) de frango desfiado
- 4 fatias de pão de forma sem casca

DICA: Você pode fazer lanches menores cortando o sanduíche em quatro partes. Para ficar mais fofo, enfeite os lanchinhos com maionese e cenoura ralada.

Existem receitas que são perfeitas para um lanchinho especial com as amigas. Assista ao vídeo e aprenda a preparar um pão de queijo delicioso!

Como fazer pão de queijo:

"Foi o primeiro vídeo que participei do canal. Essa é uma receita que eu amo muito. Foi inesquecível!"

Mayara Bertolini

A Julia e a Lyvia fizeram um potinho especialmente para a mamãe:

100

DICA:

Algumas receitas podem ser usadas para dar de presente! Primeiro você faz biscoitos, bolo, doce, brigadeiro, o que quiser. Depois é só usar a imaginação: dá para embrulhar a comidinha em um saquinho de presente, colocar lacinhos, usar potinhos ou qualquer outra ideia para enfeitar. Quem não gosta de ganhar um presente especial feito com carinho?

Hmmm! A produção do Mundo da Menina sempre surpreende as meninas com uma receitinha gostosa. Antes de gravar os vídeos, a gente pesquisa muito!

É legal perceber que as receitas ganham uma versão especial para as meninas! A nossa cara, claro!

As receitas do canal são bem simples. Tente fazê-las também! Confie em si mesma e espalhe ao mundo essas delícias!

DICA:

Leia as receitas antes de prepará-las. Assim, você já sabe se tem todos os ingredientes e objetos necessários!

Nas páginas a seguir, você vai ver algumas ideias inéditas, que ainda não estão no canal. Pelo menos por enquanto...

INÉDITO

TORTA DE CHOCOLATE

COMO FAZER:

1. Com a ajuda de um adulto, preaqueça o forno a 180° C.
2. Bata os ovos por cerca de 6 minutos.
3. Coloque o creme de avelã em um recipiente de vidro e leve ao micro-ondas por cerca de 20 segundos para derreter.
4. Acrescente o creme de chocolate com avelã aos poucos na tigela com os ovos batidos e misture bem.
5. Despeje a mistura em uma forma forrada com papel-manteiga.
6. Leve ao forno e deixe assar por cerca de 20 a 25 minutos.
7. Retire do forno, espere esfriar e desenforme.

Você vai precisar de:

♥ 4 ovos
♥ 240 g de creme de chocolate com avelã

Veja a torta de brigadeiro que fizemos:

DICA:
Você também pode servir a torta ainda morna e com uma bola de sorvete de creme por cima! Hmmm, dá água na boca só de pensar!

INÉDITO

MOUSSE DE LIMÃO

COMO FAZER:

1. Coloque no liquidificador o creme de leite e o leite condensado.
2. Bata um pouco e acrescente o suco de limão aos poucos, até formar uma mistura consistente.
3. Divida a mistura em potinhos menores.
4. Leve à geladeira por cerca de três horas, coloque raspas de limão por cima para decorar e sirva.

VOCÊ VAI PRECISAR DE:
♥ 1 lata de leite condensado
♥ 1 lata de creme de leite
♥ 1/2 xícara (chá) de suco de limão espremido
♥ Raspas de limão

MAÇÃ DO AMOR

INÉDITO

COMO FAZER:

1. Lave as maçãs e espete uma em cada palito.

2. Em uma panela, misture todos os outros ingredientes.

3. Leve ao fogo baixo e deixe ferver por 5 minutos ou até formar uma calda grossa.

4. Retire do fogo e mergulhe as maçãs uma a uma na calda.

5. Coloque as maçãs com o cabo para cima em uma forma forrada com papel-manteiga.

6. Deixe esfriar e sirva.

Você vai precisar de:
- 4 maçãs
- Palitos de sorvete ou de churrasco
- 1/2 xícara (chá) de água
- 1 1/2 xícara (chá) de açúcar
- 1/2 xícara (chá) de glucose de milho
- 1/2 xícara (chá) de corante alimentício vermelho

Está pronta! Impossível comer sem fazer "hmmmm"!

RABANADA DE CHURROS

INÉDITO

COMO FAZER:

1. Com um rolo de macarrão, amasse as fatias de pão para deixá-las mais fininhas.

2. Passe o doce de leite no pão e enrole cada fatia com cuidado.

3. Em uma tigela, misture o leite, o ovo e a baunilha.

4. Mergulhe os rolinhos de pão na mistura e deixe escorrer o excesso.

5. Peça para um adulto aquecer uma frigideira e derreter a manteiga.

6. Frite as rabanadas, virando para não queimar.

7. Coloque as rabanadas em um prato forrado com papel-toalha para escorrer a gordura.

8. Em outro prato, misture o açúcar e a canela.

9. Passe as rabanadas na mistura de açúcar e sirva!

Você vai precisar de:

- 6 fatias de pão de forma sem casca
- Doce de leite
- 200 ml de leite
- 5 gotas de extrato de baunilha
- 1 ovo
- 1 colher (sopa) de manteiga
- 2 colheres (sopa) de açúcar
- Canela em pó

TESTE:
Que tipo de cozinheira você é?

Hmmm! Falar em receitas sempre dá aquela fome!

Que tal descobrir que tipo de cozinheira você é? Veja a seguir algumas receitas do canal e marque os corações daquelas que você gostaria de fazer.

Sorvete de morango com Juliê Rodrigues:

Brigadeiro branco com uva, com Gabi Saraivah:

Smoothies com Manoela Antelo:

Fondue Frio com Juliê Rodrigues:

Batata nada frita com Raissa Chaddad:

Cookie de coração com Nina Vangelino:

Chocolate quente com Amanda Furtado:

Brownie com Nina Vangelino:

"Achei a ideia do brownie muito legal e fiz em casa. Ficou uma delícia!"

Bianca Paiva

Brusqueta com Lyvia Maschio:

Sanduíche de coração com Nina Vangelino:

Bolo de cenoura com Gabi Saraivah:

Macarrão com manjericão, com Lyvia Maschio:

108

RESULTADO

CONTE QUANTOS CORAÇÕES VOCÊ MARCOU.

De **10** a **12** corações: *superchef*

Você é uma superchef! Pode até dar dicas para suas amigas de como fazer as suas receitas favoritas. Suas receitas podem ser doces, salgadas, difíceis, fáceis, tudo você encara. Você sabe usar batedeira, micro-ondas e não vê problema em pedir ajuda a seus pais para usar o forno e o fogão. Parabéns!

De **7** a **10** corações: *em treinamento*

Você é quase uma chef de cozinha mirim. Gosta de vários tipos de receitas. Claro que adora fazer receitas práticas e só de vez em quando, mas sabe se arriscar nas receitas mais elaboradas. Está no caminho certo!

Até **6** corações: *prática*

Você é uma cozinheira prática. Gosta de fazer poucas receitas, mas todas deliciosas. Se for alguma coisa fácil de fazer, você está dentro com certeza!

DICA:

Cozinhar é como fazer prova de escola. Parece difícil no começo, mas basta prestar atenção nas instruções que você consegue se sair muito bem!

109

Coisas de MENINA

9

Oi, mais uma vez!

Tem algumas coisas que todas nós amamos. E tudo isso precisa estar no Mundo da Menina! É por isso que o canal tem um time de meninas que pesquisam as coisas mais legais do mundo para transformá-las em vídeos. São elas que elaboram os episódios, leem os comentários dos vídeos e tentam responder a todas as perguntas. São meninas cheias de ideias, que adoram compartilhar coisas legais e fazer novas amizades. Por isso, sempre tem assunto, é tudo de bom!

Só faltava uma coisa para marcar ainda mais o amor que temos umas pelas outras e completar nosso calendário: o Dia da Menina! Foi ideia da Pampili comemorar essa data. Sensacional, não é? O Dia da Menina é dia 23 de setembro. Na verdade, todo dia é dia da menina, mas ter uma data só nossa para celebrar é muuuito legal! Esse é um dia para comemorar quem nós somos. Para lembrar que podemos ser o que a gente quiser. Somos sonhadoras, princesas, fadas, heroínas, aventureiras, atletas, somos tudo o que desejamos ser!

Você pode ser o que quiser!

"Ser uma menina do bem" é o nosso lema! Todas nós temos um poder rosa de espalhar o amor por onde a gente passa. O poder de transformar dias nublados e tristes em ensolarados e cheios de alegria! Nós amamos ser meninas!

Por isso, a gente gosta de se cuidar. Cuidar da beleza é muito bom! Assim a gente se sente sempre radiante e confiante para espalhar nosso poder rosa!

Ninguém precisa gastar horas e horas se produzindo, afinal somos naturalmente lindas, não é? Só que aos poucos a gente gosta de aprender como cuidar do cabelo e das unhas, como ir produzida para a escola, como arrumar uma mala de viagem... Trocar dicas entre amigas é a maneira mais legal de aprender tudo isso!

Você já viu estas dicas do canal?

Como se arrumar para a escola com Lívia:

Acordando feliz com Raissa Chaddad:

Acordando atrasada com Nina Vangelino:

Acordando com Gabi Saraivah:

Cada menina é diferente da outra. Somos lindas e poderosas, cada uma do seu jeito. Então, todos os dias, a gente tem que se sentir bonita como a gente é!

Por isso, no Mundo da Menina sempre tem vídeos sobre looks, cabelos, unhas... Dá para fazer uma coisa por dia!

Dia da beleza

Você pode chamar as amigas para fazerem todas juntas. Tem até gente que comemora aniversário dessa forma! Que demais!

Vamos dar algumas dicas para você organizar as atividades na sua casa, sozinha ou com suas amigas. Veja o que você vai aprender a fazer:

♥ Penteados com as amigas

♥ Maquiagem clean

♥ Unhas perfeitas

♥ Look de arrasar

PENTEADOS COM AS AMIGAS

COMO FAZER:

1. Peça para cada uma das meninas levar o próprio pente e a própria escova de cabelo.

2. Cada menina penteia o cabelo de uma amiga.

3. Escolha qual penteado você vai fazer em sua amiga. Use as presilhas, a faixa ou o elástico. Solte sua imaginação!

Você vai precisar de:
- ♥ Pente
- ♥ Escova de cabelo
- ♥ Presilhas que abrem e fecham
- ♥ Elástico de cabelo
- ♥ Faixa de cabelo

DICA:
Você pode colocar presilhas na lateral da cabeça para prender parte do cabelo ou fazer um rabo de cavalo bem bacana. Ah, outra opção é deixar o cabelo solto e colocar uma faixa bem bonita. O importante é passar um tempo com as amigas e se divertir!

Aqui estão alguns penteados do Mundo da Menina:

Como fazer um lindo penteado:

Como fazer um laço no cabelo:

Como fazer cachos de cinema:

Como fazer um penteado de festa:

Headband é um tipo de acessório bem descolado. Ensinamos a fazer no canal, que tal fazer uma headband para suas amigas e dar de presente? Confira os vídeos abaixo:

Como fazer uma headband:

Headband colorida para sua amiga secreta:

MAQUIAGEM CLEAN

COMO FAZER:

1. Lave o rosto com o sabonete.

2. Seque bem o rosto e passe o creme hidratante.

3. Passe o batom com cuidado.

4. Aplique a máscara de cílios. Pronto! Agora é só curtir sua linda maquiagem!

Você vai precisar de:

♥ Sabonete facial

♥ Batom (da cor que você quiser!)

♥ Creme hidratante facial

♥ Máscara de cílios transparente

O Mundo da Menina ensina a fazer maquiagem para festa. Confira:

UNHAS PERFEITAS

COMO FAZER:

1. Cada menina leva sua lixa e um esmalte da cor que quiser.

2. Todas lixam as unhas, com cuidado.

3. Cada uma hidrata as mãos fazendo uma massagem bem gostosa.

4. Quando o hidratante estiver praticamente seco nas mãos, é hora de dar cor às unhas!

5. Cada menina pinta as unhas de uma amiga. Lembre-se de esperar seu esmalte secar antes de pintar as unhas da sua amiga!

6. Depois que seu esmalte secar, você pode usar o palito com um pouco de algodão molhado no removedor para tirar o excesso.

7. Agora, é só escolher adesivos fofos para decorar suas unhas!

VOCÊ VAI PRECISAR DE:
- Lixa para as unhas
- Hidratante para as mãos
- Esmaltes
- Adesivos de unhas
- Palito
- Algodão
- Removedor de esmalte

Veja os vídeos abaixo e aprenda diferentes técnicas para pintar as unhas!

Como fazer unhas de gatinha, com Fernanda Concon:

Como fazer francesinha, com Amanda Furtado:

 LOOK DE ARRASAR

COMO FAZER:

1. Cada menina separa suas roupas preferidas. Pode ser vestido, saia, shorts, blusinha...

2. Separe também vários pares de sapatos, sandálias, sapatilhas e tênis.

3. Cada uma compõe seu look com as roupas e os calçados que quiser.

4. Agora é só tirar muitas fotos! Vocês vão arrasar!

VOCÊ VAI PRECISAR DE:
- Vestidos
- Saias
- Blusinhas
- Shorts
- Calças
- Sandálias
- Sapatilhas
- Sapatos ou tênis

DICA:
Você também pode usar acessórios para compor o look: bolsa, cinto, fita de cabelo e muito mais!

Está precisando de inspirações para compor um novo look? Aqui estão alguns dos nossos looks favoritos do momento:

10 — Um canal SÓ SEU!

Antes que esse livro termine, que tal você se inspirar no Mundo da Menina by Pampili e brincar de fazer seus próprios vídeos?

Você já faz parte do nosso grupo de amigas que acompanha, segue, curte e comenta no canal, certo? Então, que tal brincar de ter um canal? É um ótimo exercício para superar a timidez, para se comunicar melhor e muito mais!

Já se imaginou no Mundo da Menina! Só de imaginar, já dá um friozinho na barriga, né? Mas não precisa se preocupar, é como uma brincadeira de mamãe e filhinha. É só pegar algumas bonecas, alguns brinquedos e pronto. Você pode fazer o que quiser!

Os nossos vídeos favoritos são como brincadeiras que foram parar na internet. Então, se você se divertir fazendo isso, pode até pensar em ter um canal no futuro. Quem sabe?

Peça ajuda para seus pais, sua irmã mais velha ou outro adulto se você quiser ter perfis nas redes sociais. Enquanto isso não acontece, vale a pena a brincadeira!

Vamos começar!

Brincar de fazer um canal é bem divertido! Que tal fazer a sua versão de alguns vídeos do Mundo da Menina by Pampili?

#MundodaMenina

Marque abaixo os seus tipos de vídeos favoritos:

♡ Desafios

♡ Receitas

♡ Entrevistas

♡ Tutoriais

♡ Moda e Beleza

♡ Games

♡ Novelinhas

♡ Outros: _____

Chame as BFFs!

Agora que você já sabe quais são os seus tipos de vídeos favoritos, dê uma passadinha no Mundo da Menina e busque uma ideia simples para você fazer na sua casa.

Chame outras meninas! Sua irmã, suas primas, vizinhas... pode ser qualquer menina descolada que seja sua amiga. Juntas vocês podem fazer receitas deliciosas, desafios, tutoriais e até conversar sobre assuntos importantes. Tipo falar de escola, amizade, coisas de meninas, tudo!

Entrevistas, desfiles, dicas de cabelo e maquiagem também são coisas bem legais para fazer entre amigas. Ah, e por que não inverter os papéis durante a brincadeira? Vai ser muito divertido!

Aqui vão algumas dicas de personagens:

Cabeleireira ⟷ Cliente

Maquiadora ⟷ Atriz

Apresentadora ⟷ Entrevistada

Estilista ⟷ Modelo

Improvise

Se suas amigas estiverem ocupadas, você também pode brincar sozinha!

Aqui estão algumas ideias de vídeos legais para você fazer sozinha. Marque as que você acha mais interessantes:

♡ Tour pelo quarto

♡ Rotina da manhã

♡ Meus filmes preferidos

♡ Arrumando o estojo

♡ O que levar na mala

♡ Looks incríveis

♡ Dicas de livros

♡ Arrume-se comigo

♡ Passeios imperdíveis

♡ Ideias para melhorar o mundo

Você também pode se imaginar contando um dia especial, comentando um livro ou uma série de TV. Qualquer coisa pode servir de ideia!

Uma dica é brincar com um assunto por vez. Assim, é mais fácil manter o foco no que você vai falar. Se forem muitas ideias, tente criar uma lista, por exemplo!

Diversão

Se seus pais quiserem entrar na brincadeira, você pode até pedir a ajuda deles para gravar com um celular ou uma câmera digital para saber como você se saiu.

Se não der para gravar, tente usar um outro objeto no lugar da câmera. Assim, você consegue falar olhando para um ponto fixo na sua frente. É um ótimo treino!

Falou alguma coisa errada? Esqueceu de falar sobre algum assunto? Tudo bem! A parte mais legal é rir de si mesma! =D

Veja a entrevista da Julia Silva falando sobre o começo do canal dela:

Ensaiando...

No Mundo da Menina, antes de começar qualquer vídeo, nós ensaiamos. Então, dá para imaginar que todo ensaio pode ser como uma grande brincadeira!

Você pode fazer isso também! Depois de definir um assunto para o seu "vídeo", é só imaginar uma voz falando: "Três, dois, um... gravando!"

É muito importante se apresentar. Você pode escolher alguma coisa para dizer em todos os vídeos. Aqui vão algumas dicas de frases:

Fala, galera!

E aí, gente!

Bom dia, pessoal!

Oi, meninas!

Nos vídeos do Mundo da Menina, nós dizemos "Oi, meninas!". E você? O que gostaria de dizer?

_____

O mais importante é encontrar algo que combine melhor com seu estilo. Agora é só começar a brincar. Se preferir, você pode usar bonecas e bichinhos de pelúcia como plateia. Confie em si mesma. Lembre-se do seu poder rosa de espalhar o amor!

Gostou da brincadeira?

Escreva aqui como foi sua primeira vez brincando de criar vídeos.

_____

_____

_____

Tag Mundo da Menina

O que você acha de criar uma tag só nossa?

Você já ouviu falar nesse tipo de vídeo?

"Tag" é o nome da brincadeira Pega-pega, nos Estados Unidos. A galera da internet se inspirou nisso para lançar esses vídeos que todo mundo faz. Você faz e marca (ou "tagueia") alguém! ;) Peguei você! Entendeu a brincadeira? =D

Vamos fazer assim: você responde às perguntas da próxima página e tagueia uma amiga para brincar também!
Se você postar, lembre-se de usar o título do vídeo:
Tag Mundo da Menina by (complete com seu nome!).

Ah, e coloque também a hashtag:

#TagMundodaMenina

Perguntas para a Tag
Mundo da Menina

Nome e idade:

Qual seu poder rosa?
(fale dos seus talentos!)

Está fazendo essa tag porque...
(leu o livro ou foi tagueada por uma amiga?)

Como conheceu o canal Mundo da Menina by Pampili?

Seus vídeos favoritos do canal são:

Quais tutoriais do Mundo da Menina você quer fazer?

Seus looks favoritos são...
(tire fotos suas, use suas roupas favoritas
e conte por que são seus looks favoritos no momento!)

Qual amiga deve fazer essa tag?
(você pode indicar mais de uma!)

Foi muito bom encontrar você por aqui!!!

Esperamos que você também tenha curtido cada momento com este livro.

O nosso livro chegou ao fim, mas você pode continuar sempre com a gente no canal Mundo da Menina by Pampili e nas nossas redes sociais!

Milhões de beijos
e até a próxima!